JN408684

희망이라는 그물

김가용 제8시집

문학공원 시선 230

희망이라는 그물

김가용 제8시집

해병대 정신을 통한
공생공존의 노래

석양 노을 감성에 젖어
사랑도 해보고
상처 안고 만용도 부려봤다
얼기설기 희망의 그물

문학공원

제8시집을 내면서

석양의 황혼 노을 곱기만 하다
곧 스러질 환영 나그네는 만감이 교차한다
한 번 간 젊음은 돌아올 줄 모르고
백발 성성한 노년 세월만 원망하는가
날이 갈수록 부자연스런 육체는
세월의 훈장이라 여기며
질병 하나둘 동행하는 게 노년들의
현실이기에 외면하지 않으려 한다
매사 긍정적으로 주어진 오늘에
충실하리라 다짐한다
어린아이더러 빨리 크라고 했는데
아이가 크고 나니 인생무상 속
나는 이렇게 늙어버렸다
돌아볼 수는 있어도 돌아갈 수 없는 게
인생이라 했든가
제8시집도 풍전등화 각박함 속에
진솔한 마음으로 써보려 한다

2023년 가을, 응암동 서재에서

김 가 용

차례

1부. 추억의 소야곡

2부. 꿈이여 다시 한번

차례

3부. 화합의 정원

4부. 실력향상 연주회

차례

5부. 그리움만 쌓인다

6부. 해병 118기 - 친구 홍광표의 페이지

작품해설 - 김순진(문학평론가)

1부
추억의 소야곡

삶의 곡예사

바람 부는 벌판 한 중앙
나만의 길인 양
옷깃 여미며
때론 비틀대며
외나무다리 건너는 심정으로
오르내려 먼 길 왔소

공수래공수거 진리 앞에
지는 꽃 안아보고
나풀대는 나비 되어
모두 잊으려는 노력 애처로워
하나만이라도 지녀가려는 염원
부질없고 속절없는 약속이었나 보오

추억의 소야곡

빛바랜 사진 속
이슬처럼 맺혀 있는 사연들
그립다 말 못하고
먹먹한 가슴에 남아
가냘픈 소야곡에 젖어
투덜대는 원망 푸념 속에
넋두리만 남기고 사라져간다

아리도록 눈물겨운 추억
이정표만 두고 떠나려는 마음
깊은 속정 그리움
자꾸 돌아보는 미련
다독이고 어루만져
헤진 망각 꿰매며
긴 밤 허리 맨다

* 『은평문고』 25호에 게재함

여인예찬

봉긋한 가슴
새하얀 피부
휘날리는 머릿결
신비의 비너스
그 이름 여인

인고의 미덕 아래
자식 먼저 생각하며
속으로 삭였을 아픔을
누라서 알리오
남모르게 가슴으로 삭였소

살을 나눠 자식 두고
기쁨 전부라 여기며
슬픔 번뇌 숙명으로 여기며
세월의 거친 풍파 속에서도
사랑 주는 영웅이었소

바램

생각 속 그물에 갇힌 고독
살풀이하듯 상상 밖으로 내몰고
주홍빛 상념 떠돌이별 되어
산들바람에 흩날린다

너와 나 모이고 어울려
설익은 푸념 익어가면
구차한 변명 그늘에 숨고
기약 없는 만남 요원하다

상큼한 라일락 향 주위 감싸고
오랜 세월 잊었던 사랑 찾아
오매불망 바라보는 하늘 한 자락
쌍무지개 그려보는 서글픈 마음

* 『은평문고』 25호에 게재함

위선

거짓과 변명
온갖 희망으로 포장하고
핑계 대기 급급한 게으름
너는 과연 누구인가

좋아함 내색 않고
싫은 감정 숨기며
변명에 익숙한 당신
졸리고 배고픔마저 속이려 한다

아픔도 나이 탓 돌리고
설마 나는 아니길 바라는 요행
저무는 한 해를 보내는 심정
알 수 없는 내일 평안을 빈다

돌부리에 넘어지면서도
먼저 간 친구 목록을 지우면서도
천 년을 살 것처럼 행동한다
이 모두가 교만의 극치이다

황혼의 넋두리

자정 지난 시간 천만리 달아난 잠
적막만이 사위 가득하다
깜빡이는 눈동자 크고 작은 소망
쉴 사이 없이 따라 오가고
오늘도 먼동을 맞이하는가

호수 같은 늪의 공간
허우적대는 생각들
정리할 겨를 없이 어둠에 묻히고
그리움 길 잃고 머문 창엔
슬픈 꿈 애처롭다

종착역 알 수 없는 삶
가느다란 희망 부여안고
새벽을 기다리는 애끓는 가슴
지는 석양 두려워 손사래쳐보지만
석양의 빛 먼 하늘 물들인다

타의에 젖은 삶

나의 삶 나의 생각 접고
오로지 남의 눈치 살피며
타의에 의한 온갖 모든 생활에
쭈욱 길들여진 나!

유리알 사생활이 싫어
몇 번이나 튀어나오려 했지만
변화가 싫은지 용기 없음인지
제자리 눌러앉은 게으름뱅이

해방보다 적응이 먼저여서
취미에 매달리고 집착하다 보니
긴긴 하루 끝이 보이고 또다시 어둠
도돌이표 인생 끝 알 길이 없다

현재의 삶

위선으로 살찌워
진실을 감춘 채
조그만 벌새처럼 꿀샘 찾고
모래성을 쌓으면서
어제를 그리며 오늘을 사나 보다

넘어지지 않으려
뿌리를 대나무처럼 옆으로 뻗으며
몸은 바람에 맡기면서
죽순 성장하는 속도로
세상의 변화를 본다

황혼의 노을 앞에 서니
세월에 밀려난 폐목선처럼
초라하고 볼품없는 몰골로
두고 갈 물건도 거추장스러워
게으름 피는 내가 사는 현실이다

고목

태풍에 가지 부러지고
뿌리까지 흔들리는 고통을 겪고도
남루한 세월의 덧옷 입고
의연한 모습 자랑하고
잎은 살랑대는 바람을 맞는다

시원한 그늘 만들어 쉼터 내주고
어두운 밤 젊은이 사랑도 키워주고
온갖 산중인이면서
그저 산들바람에 몸을 맡긴
침묵이 당연한 듯하다

夕陽 나그네

바다 닮은 푸른 하늘에
목화송이 두둥실 뭉게구름 떠가고
바람 따라 변화무쌍 유유자적한 모습
나그네 가슴 한켠 가슴이 시리다

꼭 닫힌 나의 아성에 당신을 초대하고
숨겼던 비밀 사연 눈빛으로 고백하고
가슴을 열어 사랑 고백한 후
연둣빛 그리움 고이 지녀 간직한다

힘든 삶 애써 고백하고
석양 후 밤이 깊어질수록
희망도 지쳐가는 순례자 되어
허무의 순간을 되뇌어본다

고통의 끝은 어디에

까마득한 추억
퍼즐을 맞추려 해도
조각 난 세월 덕분에
맞출 수가 없다

파란 하늘 그려보나
물속에 가라앉은 답답함이다

어디 그뿐이랴
사랑을 그려보나
원망이 뒤따르고
즐거움을 떠올려보나
고통이 먼저 생각나는
이율배반의 잔영이 가슴 저민다

욕망은 변함없으나
그림의 떡이고
가시 있기에 더 아름다운 장미처럼
고통의 세월이기에 더욱 진함으로 남는
상상으로 볼 수 없는 내일 두려움으로 남는다

꽃은 피고 지고

가을의 꽃
노랑 보랏빛 국화
자태 뽐내고
코스모스 하늘거림
길손을 손짓하여 부른다

코로나19 횡포 때문
권태로운 나날 원망 속 저물고
가을꽃 감상할 여유 없고
뿌우연 먼지 일던 김포 강화의 비포장 길
60여 년 전 군생활 추억 그립다

길 양켠 코스모스 길손 맞이하고
하얀 눈썹 쿵쾅대던 버스의 추억
머언 이야기로 남아 옛날 추억 소환하고
옛 시골 장독대엔 백일홍 활짝 웃었지
순백의 옛 꽃 그리워 눈물집니다

하소연

그리워 안아보는
상상의 꿈속엔
황량한 메아리만 남고
낙엽 지는 가을이 오기 전
소담한 열매 맺고 싶었다

시작도 전 체념
너무 이르지 않은가
단 한 번이라도
속마음 하소연하고 싶었다
떠도는 마음 일렁이는 별 보며

당신을 향한 그리움 하소
외로움의 속마음
남이 알세라 꼭꼭 닫아걸고
삼경 지난 시각
꿈속에서라도 제발 와달라고…

해돋이

신년 새해맞이
똑같은 해를 보며
각자 소원 천차만별
우선 자기 건강 먼저
다음은 가족 간의 우애
친구 이웃 간의 사랑이며
모두의 행복추구이겠지요

소복한 눈 위 처녀지 발자국 찍고
한적한 바닷가 모래밭
잊혀진 그리움 찾아 거닐며
밀려오는 파도 가슴으로 맞으며
오가는 바람결에 기쁜 소식 전하며
새로운 시간표 뜨거운 열망
보람 찾는 한 해가 되길 소망하겠죠

한겨울의 낭만

엄동설한 해거름녘
창가에 여린 마음 걸어놓고
오롯한 정 하소연할 곳 없어
허무 한아름 송이 지어 내린다
그리움 향수 휘감는 빈방
휘저어 날려보나 감겨오는 여운
길 잃고 맴돌기만 한다

추위 매인 창가
눈꽃 송이 두툼하게 살 오르고
그리움 보고픔 아롱지어 피고
졸고 있는 가로등 불빛
이따금 들리는 난방 모터 소리
추위 잊게 하고
깊어가는 시름 방황하는 마음

코로나19

부모 자식 거리 천릿길
친구 사이 복판엔 서먹한 강
서로가 회피하는 어지러운 세상
정 잊은 채 아득한 먼 길 돌아
서먹한 모습으로 오늘을 산다

멀어진 거리 제자리 찾거든
못다 한 정 따스한 가슴으로
얼싸 둥개 사랑 나누리
담쟁이넝쿨처럼 어우러져
못다 한 정 남김없이 나누고 싶다

양로원의 늙은 부모

석양 노을 내려앉은 창가
서성이는 외로운 나날
눈비와도 빙판길 걱정

까마귀 울어도 자식 안위 걱정
가슴 속 시름 떠날 날 없는
자식에의 외길 사랑
부모의 멍에 벗지 못한다

기름진 음식 봐도 목이 메며
추운 날씨 옷 걱정하지 않아도 되련만
몸에 밴 사랑 하늘이나 알리요

귤 한 알 짜장면 한 그릇에
그리움 담아 먹던 情
뜨거운 난로도 녹이지 못하고
가슴에 담아두는 슬픈 미련아!

주어도 주어도 모자란 허기진 마음
한번 맺은 인연 천근 무게 되고

걱정으로 일관하는 부모 마음
저세상 가야 잊으려나

내 고향 선정

옛날 동심 상큼하게 가슴에 와닿고
비릿한 바다내음 정겨운 내 고향
옥빛 물결 출렁대는 선창가
조그만 포구 정취 어울려
아지랑이 추억 상큼하게 피어오른다

어린 시절 낚시하고 수영하는 바다
예나 변함없이 출렁이는데
그 많든 꼬막 자취 없이 사라지고
황량한 갯벌로 변해 아쉬움 깊다
옛 물이 아닌 듯 그 많던 갈매기 떠나고…

정다웠던 초가지붕 오롯한 풍경
가난 속에서 온정 넘쳐났고
서로를 배려하는 나눔의 인정들
변모하는 주택의 근대화
인심마저 변해가는 서글픔이여

달 밝은 밤에

중천의 달 강물에 떠 있고
찬 서리 산책길 을씨년스런 뚝길

귀뚤이 울어대는 굽이진 길 위
올망졸망 달빛 따라 물이랑 출렁이고

나그네 더딘 발길 갈길 잃고 서성이고
사위에 내린 적막 두 손으로 휘젓고

실오라기 희망 숨죽여 따라오고
달빛 교교하고 밤은 깊어간다

향수

수시로 찾아든 고향 생각
회상의 굴레 속에 영혼마저 빼앗기고
그리운 잊혀져 간 세월
망각의 찰라에 묻고
동심 잠재우려 달래는 가슴

평생 살면서
향기를 팔지 않는 매화처럼
그립고 보고픈 얼굴들
하나둘 사려져 가기에
남은 세월 더더욱 애착이 간다

솜털 같은 세월 무게
천근만근일 줄 미쳐 몰랐습니다
애틋한 첫사랑 원망 찌든 마음
몽매에도 그리운 아련한 옛 고향
바라보는 하늘 한켠 오라 손짓합니다

잊으리

괴로운 삶 일부
슬픔의 한세월
잊고픈 과거 한 자락
가끔 떠오르는
한 페이지 아픔들
머언 하늘 바라보며
반성과 사죄 성찰의 날

느지막한 설움 한 자락
자리막음의 시간
바늘 되고 비수 되어
시도 없이 찾아드는
망나니 되어
가슴을 치게 함이
뼈저린 뉘우침이다

2부
꿈이여 다시 한번

동행

앞서거니
뒤서거니
걷는 길

언제부터인가
글로벌 사념 속
동행임을 알았다

성별도 다르고
삶도 제각각
꿈이 달랐다

세월에 등 떠밀려
더듬거려 걷는 길
모습은 의연한데

바라보는
희미한 눈동자
꿈속의 실루엣

그리움

바퀴 달린 듯한 세월 채찍질하듯
흰 머리 하얀 눈썹 휘날리면서
허둥대며 가면서도
나고 자란 옛 고향 그린다

텃밭 한켠 살구나무 포도나무
돌담 옆 목단꽃 장독대 접시꽃
다문 옆 달리아 탐스런 화신들
포근한 품 새삼 그립다

청보리 파도 너울 넘실대고
높은 하늘 종달이 구성진 노래
이 모든 그리움 가슴에 묻고
남쪽 하늘 고향 품 그리워합니다

꽃동네 옛 고향

유채꽃 살구꽃 민들레꽃
패랭이꽃 할미꽃 도라지꽃
동구 앞 물논 자운영꽃 만발하고

분꽃 난초꽃 봉숭아 찔레꽃들
대문 타고 오른 나팔꽃 담장 위 넝쿨장미
초가지붕 위 박꽃 영원한 그리움이다

골목길 돌담 위 호박이 주렁주렁
도구통 도굿대 장관 정다운 소리
석양 노을 곱게 물든 그림 같은 풍광

눈 감으면 떠오르는 어릴 적 고향
팔순 지난 노년의 애잔한 그리움
동심 깃든 사랑 새록새록 그립다

미련

이지러진 달
만월을 바라는
평범한 그리움
지는 꽃이라면
차라리 피지나 말지
꽃 지고 난 자리 새싹만 무성하고
하늘 한켠 구름만 어지러이
모였다 흩어진다

잊었던 옛 생각
모락모락 피어오르는
아지랑이 그리움
철 잃은 미련 벗하고
지나온 세월
추억도 함께 올라타고
후일을 잊은 채로
무심한 백발만 무성하다

허무

소리 없이 피는 꽃처럼
내 영혼 날개 접고
침묵으로 들고 싶다

손짓하는 파도 위로
묵은 세월 날려 보내고
마음속 그리움 날려본다

멀고 험한 고독의 세월
보상 잊은 채
계절의 숨결인양 아카시아 향에 취한다

자아의 시간
희미한 망각 속
체념하는 슬픈 하소

고뇌

땀에 절인 몸뚱이
비워내고 채우고
채우고 비워내는
희로애락의
수많은 추억들…

얽히고설킨 너와의 인연
혼신의 불로 태우고
목탁 소리 뒤안으로
사위어가는
속절없는 영혼의 몸부림

도리에 얽매어
반성함이 태산이고
후회가 엄습하는 순간
이별의 영원함이 안겨준
흐느끼는 못난 가슴아

황혼녘 넋두리

전엔
철 맞이 옷 꺼내며
내년에도 입을 수 있으려나
염려스러웠고

지금은
한철 옷도
다 입어볼 수 있으려나
걱정 속에

총명과 슬기
나날이 쇠퇴하는 현실
당연한 걱정이지만
서글픈 황혼녘의 슬픔이다

마음껏
웃을 수 없는 현실
백발이 말해주고
가물거린 생각이 얄밉다

꿈이여 다시 한번

산허리 휘감고 굽이돌아 찾아간
꿈속의 고향
바닷가 물보라
갈매기 울음 반겨주는 것
애틋한 그리움
고추잠자리 날개처럼 화사하고

수많은 자운영꽃
활짝 피어 잔치하는데
무심한 농부 쟁기로 갈아엎고
고독마저 잠들었나 고요만 쌓이고
하얀 머리칼 쓸쓸히 흩날리고
그리움 전부인 듯 생각마저 나부낀다

넝쿨장미

하늘거린 수려한 모습
유혹하는 여인의 수줍음이다
넝쿨장미 짙은 향
당신 향한 구애인가

바람에 묻어온 슬픔 한 자락
어제의 기억인양 애써 감추고
참담했던 모진 세월 지우려
붉은 꽃으로 환생했나 보다

하늘 우러러 웃음 짓는
너와 함께 누린 축복 속
보상받지 못한 허황된 생애
어제인 듯 그리운 꿈으로 남는다

그리운 돌담길

등이 휠 것 같은 삶의 무게
허덕이며 걸어온 한 많은 세월
절며 힘들게 왔던
고달픈 길 위에 비가 내린다

매캐한 모깃불 향
수시로 찾아드는 애향심
개울에 굴절되는 햇살처럼 갈 곳 잃고
고향 집 돌담 목메어 그린다

목울음 삼키고 꺼져가는 여명 속에
결코 아름답지 않은 호박꽃술
정다운 꽃 영그는 그곳 찾아
동심 깃든 돌담길 고향을 그린다

폭염

밤잠 설치는 열대야
모든 의욕 꿈 권태의 연속
장맛비마저 오락가락 무더위 더하고
평범한 일상마저 앗아가는 마성

다시 창궐하는 코로나19
모처럼 일상 맞이하는데
실망으로 되돌리는 게 원망스럽다
세계 곳곳 이변도 한몫하는 것 같다

마치 지구의 종말이라도 오는 듯
권태의 일상 부채질하고
끝없는 절망 속
폭염에 일렁이는 가로등 애처롭다

고운 꿈 시들고

모두가 그리움이요
목메인 서글픔이다
실수했고 잘못했다
후회가 전부인 삶

먼저 가신 부모님
잊혀진 친구들
두근대는 가슴 설레임
첫사랑 애틋함도

피는 꽃 어제인데
시들고 아픔만 자리하고
아련한 추억 불러오는
보내는 마음 애처롭다

어느 삶

창가 매화 분재
한 송이 꽃 피우려는 안타까움
교만과 이기에 길들여진
초라한 나 자신을 발견한다

고독한 삶
목마른 몸짓 같은
보기에 따라 행·불행이 좌우되고
근시안적인 방황 숙명으로 받아들인다

캄캄한 망망대해
휘황한 불빛에 방황하는
저 머얼리 선 잘 보이지만
가까이에선 맹아의 어리석음

총체적 재난

155년 만의 폭우
13名 사망 7名 실종
폭우의 예보는 계속되고
전 세계적인 기후이변
홍수와 화재의 기상이변

물가 폭등 식량난
우크라이나와 소련의 전쟁
전 세계 1,490만 명의 이재민 발생
자연의 보복인 양 체념하는
현실이 두렵기만 하다

우리나라엔 태풍 힌남노
경북 포항에 인적 물적 피해 심해
국가재난지역 선포 이어지고
기상악화 지속되는 게
자업자득인 양 두렵기만 하다

희망이라는 그물

성난 세월의 발톱에 할퀴어
마지막 소원인 양
뚜렷하지도 지워지지도 않는
주홍색 글씨를 쓴다
가만히 뒤돌아보니
숨 가쁘게 살아온 길
어릴 적 소꿉놀이하는 것 같다

속살 드러낸 가냘픈 소녀
매혹의 자태에 흔들렸고
잡초보다 질긴 생명력으로
여린 모습 지닌 채
시들어가는 꽃밭
무지개 닮은 너를 보며
징검다리 건너는 심정으로 살아왔다

석양 노을 감성에 젖어
사랑도 해보고
상처 안고 만용도 부려봤다
얼기설기 희 망의 그물

조심스레 어루만져
평범하지도 유별나지도 않은
보통의 삶 살아온 나날

人生

초로인생이라
돌이켜보니 결코 짧지만은 않았다
삶이 참 길다
아픔 속 살아온 나날
주마등처럼 스친다
뒤엉킨 삶 뒤돌아보니
백발이 남은 세월 말해주고

대범한 체 오늘을 살아도
욕망 내려놓기가 그리도 힘들었고
내일을 알 수 없는 막연함 속
후회와 뉘우침 연속이고
운명이라 치부함도 벅차
최선을 다했다 자부하지만
체념의 삶 그네를 탄다

애원

상상으로 할 수 없고
누구와 동행할 수 없고
오직 홀로 갈 수밖에 없는
운명에 의지한 채 가는…

삶의 어떤 의미 모른 채
오직 그리움 하나 키우며
불꽃처럼 타오르는 욕망
재 되어 사위는 티끌 세상이었다

흘러가는 시간의 여정
정중동의 치열한 삶의 현장
살아남기 위한 눈물겨운 노력
고깔모자 쓴 어릿광대였다

안주하고픈 평범한 일상
더한 아픔 괴로움 없도록
하늘이여! 하늘이여!
굽어살피소서

추억의 동산에

어두운 항구의 불빛
바람 따라 흔들리고
꽃내음 향기 따라 창문 열어보며
행복 겨워 입맞춤하는 소녀

슬픔의 부스러길랑 묻고
나비처럼 훠얼훨 날고 싶다
파도처럼 일렁이는 추억
세월의 이끼처럼 덧씌워진 그리움

휘감겨오는 아픔처럼
추억 속 그리움 잦아들고
수수한 백합 동산 위에
고된 삶 묻었으면…

좌절

실낱같은 희망
썩은 동아줄 아니길 바랬다
나는 배고파도
자식만은 풍족하고
아픔의 힘든 삶
누구를 위함도 아니고
아프고 괴로웠기에
내일을 바라는 인내였다

어제가 다르게 변하는
어지러운 세상
나이 들어감에
모두 생소하고 서먹함과
낙오의 대열에 합류한 나
어르신의 우대 바라는
고단한 심신 앞에
모두를 접은 채 오늘을 산다

이변

삼한사온의 겨울
온화한 봄
무더운 여름
화창한 가을
그저 평범한
환경 바랐다

하지만 바램을 외면
계절을 잊게 하는
열대야 고통
국지성 폭우의 기습
화마의 극성
세상 어지럽히는 괴물 같다

어느 한낮

모처럼
불광천변 거닐었다
해당화 수줍게 피어
하늘거려 반기며
맑은 물속엔
고기 헤엄치며 노닐고
오리는 목욕하기 여념이 없고
빗방울 실비 맞으며
거니는 군상들
걸음운동이 한창이다
평화로운 길
사색은 깊고
길옆 어지러운 차량 행렬
부산 떠는 한낮
어지러운 소음 속
고달픈 삶이 섞여 있다

3부
화합의 정원

범사 감사

현재의 나
오늘이 있기까지
건강 주시어 고맙다
이 나이 늦도록
취미생활 속 좌절 않고
거친 파도 속 의연히
바위의 모습으로
살 수 있어 고맙다

아픈 삶 슬픔 잊기 위해
글을 쓰고 독서하며
색소폰 아코디언 기타 악기 벗하며
험난한 태풍에도
굳건히 나의 길 갈 수 있어
고맙고 감사하다
삶의 굴레 벗는 날까지
감사의 마음으로 살게 하소서

차라리 잊고 싶은

시간에 쫓긴 나날
눈물겨운 고달팠던 삶
기억 저편 가끔 떠올라
침묵 저편에 두기엔 모자라
사랑 새롭게 잉태하고
신비의 영역 애상의 눈물 속

지워지지 않은 추억
찢긴 꽃 이파리 아픔 지닌 채
산산이 부서진 꿈속
설렘의 영역에서
목말라 애태웠던 날들
차라리 외면하고 싶다

구름아 바람아

째깍대는 초침
시위 떠난 화살처럼
세월 등에 올라
하늘 한번 쳐다보니
흐르는 구름 어서 오라 손짓한다

나이 비례하여
속도감 배가 되고
백발 원망스러워
서성이는 발걸음
저 깊은 내면 영혼의 울림 섧다

거역할 수 없는 명령 앞에
철 지난 그리움 안고
뒷걸음쳐보지만
가만한 손길 찾아와
토닥토닥 등 두드린다

눈이 내리네

눈이 내리네
새 하이얀 꿈이 내려
소담히 쌓이네
그윽이 그리움 쌓이고
아스라이 첫사랑도 내리네
뽀도독 발자국에도
추억이 쌓이네

외롭고 고달픈 내 안에
나도 내리고 너도 내려
축복과 희망의 밤
사연 속 깊어만 가네
모두의 머리 위 사랑이 내리고
가물거리는 옛사랑의 사연
소복소복 쌓이네

새날 새 아침

어김없이 찾아든 기대와 허무
보내는 서글픔보다 환희의 새날
소리쳐 불러봐도 손사래치는 너
나풀대는 카렌다의 스산함
바쁘게 가는 세월마차 탄 채
새날 새 아침 맞이하여
반갑게 인사하는 나그네

지워야 할 아픔 보내지 못해
자꾸 뒤돌아보는 미련
바람처럼 스쳐 지나간 어제도
그리움만 남고
솟구치는 욕망 억누르고
재깍대는 영시의 이별 앞두고
가족 건강 행운 성심껏 빌어본다

숙명

바람결에 스친 인연
벅찬 가슴 깊이 안고
긴 세월 함께한
순수의 정
꽃 피고 새 우는
가만한 속삭임에
청상의 요람 속 저물어가는 밤

꿈속의 굳은 약속
믿은 내가 바보였나
떠나간 옛사랑
돌아올 줄 모르고
무심한 주름 늘어만 가고
속절없이 기다리는
너와 나의 숙명

화합의 정원

세월 눌어붙은
거친 나무껍질 같은
덧씌워진 아픔
잃어버린 동심조차
숨죽여 찾아오고
당신 위해 가꾼 정원
영원한 동산이 되고 싶다

옹이 된 아픈 멍울
마음 깊이 자리하고
오가는 세상 인심
갈 곳 잃고 허무만 너울진다
너와의 합창 위해
마음의 씨앗 심어
사철 아우르는 꽃이 되고 싶다

축복

무지개 꿈 하늘가 맴돌고
사랑하는 심장 요동친다
화사한 화원
먼 꿈길 아롱 새겨
새롭게 꾸며본 삶
더부살이하는 안쓰러움
찌푸린 잿빛 하늘 아래
못다 한 꿈 키워본다

보고 싶고 그리운 이여
후회 없는 내일 위해
축복 내려달라고
눈이라도 소복이 내려달라고
빌어보는 멍울진 소망
헛되지 않게 하시고
사랑꽃 피워
씨앗의 결실 맺게 하여 주소서

폭설은 쌓이고

추위 매섭게 맹위 떨치고
온 세상 백설 뒤덮여
10cm를 넘는다는 기상청 예보
동장군 위세 꺾일 줄 모르고
연말의 아쉬움 대변하는 듯

끝없는 욕망 내려놓고
잔잔한 호수의 시간 속
까만 밤 보내고
꼭꼭 숨겨 말 못했던
사랑한다고 목청껏 외치고 싶다

목메인 그리움 한 올 한 올 매듭지어
쌓아온 상아탑인 양 공들인다
따사로움 허공에 뜬다
고맙다는 인사 나눌 수 없어
늦도록 방황하는 설운 가슴아

경쾌한 비명

발아래 뽀도독 경쾌한 소리
송년에 불러보는 노래인 듯
겨울의 꽃송이 눈 소담스레 내린다
갈 곳 잃은 사랑 가슴에 피고
우수수 지는 잔영의 여울
알알이 박힌 환영 속
다독이는 모정
책임과 의무는 다했으니
끝없는 방황 마무리 후
하얀 면사포의 숨결 안고
마주하는 희망

그리운 선정

가로등 졸던 돌담길
조각달 구름에 가려
희미한 슬픈 밤
여린 버팀목처럼
비껴갈 수 없는 숙명

별빛 아련한 깊은 밤
수많은 별똥별 지던 밤
낭만 속 그 밤들이
못 견디게 그립고
몽매도 가고 싶다

훈훈한 인심
동심 어린 추억 잠든 곳
피는 꽃 지는 잎 시들고
하현달 기우는 작은 망산 위로
꿈이 저물고

출렁이는 금빛 물결에
철이섬이 잠든 밤

선정 내 고향

추억 속 고향

그믐날 밤에

무념히 가는 시간
평범하면서도 간결한
잊혀져 가는 시간 아쉬워
자정의 타종 기다려지고
새날을 맞는 경건함
고이 지닌 채 기도하고 싶다

TV에선 각종 연말 풍경 장식하고
평온하지 않은 설레임
가슴 깊이 아쉬움 더해주고
송구영신의 찰나에
조아리는 엄숙함
경배하는 어린양 되어 간곡히 기도한다

하얀 백발 어루만져 달래 본 노년
가는 세월 원망 말고
투정하는 어설픈 심정
다독여 풀어보는 먹먹한 가슴
다사다난한 한 해를 보내며
새날 맞이하는 숨 가쁜 순간

불광천 나들이

모처럼
불광천 나들이
흐르는 물 여전하고
오리 왜가리 먹이활동 중
오리 발 시렸나
콘크리트 구조물 위에서
낮시간 즐기고 있다

검푸른 벚꽃나무 가지
아기 순 꿈틀거리고
볏짚 옷 입은 나무들
밤 사이 내린 비로 웃고 있는 듯
걷기 운동 열심인 남녀 노년
휘젓는 손 부산한데
벚나무 가지 직박구리 울음 새롭다

불효

근엄하신 아버지
무섭고 두려워
모든 사랑 속으로 삼키고
마주하지 못한 시선
하고픈 말 삼킨 채
평생을 살아온 나날

마지막 가신 그날까지
효도는커녕
속만 썩인 자식
생각만으로 목이 메어
좌불안석
지은 죄 용서 구합니다

먼 훗날 뵈올 날이 오면
엎드려 사죄하오리다
표현 못한 사랑
못다 한 효도
못난 자식의 눈물도…
생전 즐기시던 약주상 봐 드리려 합니다

잊혀진 情

평범한 집 오 남매
큰형 누나 셋 막내
형님께선 먼저 가시고
누나 세 분 남고
두 분 누나는 병마와 싸우시고
힘든 삶 사신다

바라는 바 없고
원망 자리한 평생의 한
석양 길목 위 서서
미움 지울 때 지났거늘
좁은 소견 못남 탓인 듯
쉽게 마음 열지 못했다

힘들었던 어린 시절
배고팠던 시절
꿈 많은 유년의 희망
사위어간 지 오래련만
참사랑 드리지 못해
송구하기 그지없습니다

방황

잔설 쌓인 가지
기쁨과 슬픔 보따리
주렁주렁 열렸다
복주머니도 열렸으면 좋겠다

누군가 관심 속의 삶
예고된 연민의 정
행복으로 정화시키려는 노력
낯선 거리 설움 딛고 찾아나선다

끈끈한 정 머문 곳
애틋하게 그리워
꿈속 진실게임하듯
찾아 헤맨 이방인

유년의 추억

내가 자란 옛집 돌담장
호박꽃 주렁주렁 너울대고
담장 밑 목단꽃 달리아 활짝 피고
빛바랜 흑백사진 희미한 추억
윤회의 반복 계속되고
어느새 삶의 뒤안길 접어든다

가만히 뒤돌아 앉아
하늘 한 자락 깔고 앉아
희미한 별빛 보며
구름처럼 스쳐 지나간 세월
쌍무지개 뜨길 바라며
어머니 젖가슴 같은 추억 그린다

추억 속

불문율처럼 고이 지녀온
순수 정 지닌 채
서서히 다가오는 종착역
애증의 세월 저물고
수묵화처럼 잔잔한
추억을 기억하고
그리움의 정도 키운다

추억 속 가물거린 기억들
불꽃처럼 사위어가고
공허한 상념 수줍게 미소 속에 숨고
빙하의 세상이 온 듯 공꽁 언 대지
심신도 녹아내린 듯 한다
이별은 언제나 애달프다
매서운 바람결 거세기만 하다

슬픈 맹세

휘영청 밝은 달 중천에 걸리고
서산 하늘 흐르는 별
꿈속의 님 불러오고
반딧불 호롱불
희미한 길잡이 되어
반쯤 감은 눈자위에
시름이 안겨온다

물보라 치고 넘쳐
너울도 잠든 밤
수많은 파도 너울
울어 예던 깊은 밤
그리움 녹아내려
사위에 젖어 들고
못다 한 꿈 고이 키울 나의 길 가련다

임플란트

치과 고통 트라우마
비단 나뿐만 아니리라
반 틀니 완전 틀니 하면서
온갖 불편 감수하고
음식 섭취 중 말하는 중에도
색소폰을 불면서도 빠지는 고충 때문
임플란트 치아를 하기로 했다

윗니 전체를 임플란트 시술
뼈 이식 수술 후의 고통
먹고픈 음식에 대한 고충
퉁퉁 부은 얼굴 통증에 시달리고
씹는 기쁨 잊고
눈에 아롱대는 음식들
이가 오복 중 으뜸인 걸 절실히 느낀다

일상

외롭기에 그리움 크고
배고팠기에 포만감 느끼고
고달팠기에 행복의 감회 크고
아팠기에 건강이 자랑스럽고

괴로움이 컸기에
사랑이 무한 그리웠고
잘못이 많았기에
반성의 시간 배가 되었다

당신을 향한 마음
구차한 변명 속 해가 지고
평범한 일상 채찍 되어
내게 찾아듭니다

가고 오는 가을

열대야 고통
폭우의 극심
태풍의 두려움
영원할 것 같은
기승부리는 날들
계절의 무딘 발걸음에
무너지는 위용

봉숭아 접시꽃 피고
밤이 영글고
코스모스꽃
하늘거려 춤추는
푸른 하늘 뭉게구름
한가롭게 떠가는
오곡 풍성한 가을이어라

이념이 뭐기에

골 깊은 갈등
치유의 긴 시간
여운 요원한데
수시로 찾아든 고통
상반된 이념의 골
끝 간 데 없고
제 할 일 잊은 선량들
국민을 위함이라는
어설픈 변명으로 일관
제 몸 사려 눈치 보는 못남
국민은 알고 있다
위국 위민 외면하는
백로 까마귀 소음에
하늘 향해 소망하는
진실의 소리
애달픈 눈망울만
깜박입니다
유구한 역사 앞에
제발 죄인 되지 마시옵길

4부
실력향상 연주회

석양(夕陽)

먼 옛날 흑백사진처럼
퇴색된 기억이나마
이슬처럼 사라지기 전
마주한 그리움
살아오면서 고마운 사람들

회한과 반성 되풀이되고
억겁의 세월
만감 교차하는 고요 속
물 위에 떠가는 낙엽에
영혼을 실어보낸다

과거 현재 미래 아우르는
모진 바람 언제나 그렇게 여전한데
어둠 밝히는 순백의 세상
모든 말도 부족하기만 하다
하릴없이 허무한 세월과 노을을 본다

* 2023. 6. 24에 은평구립도서관에서 열린 은평문협 시낭송회 제출시

깨인 꿈도 꿈

뒤척이는 새벽녘
도심 속 소음
고독함 불러오고
삶의 끝자락
막연한 두려움의 여정
인연과 필연 사이
부러운 세월과의 동거

허상의 차림처럼
삶의 쓸쓸한 길목
텅 빈 가슴 허무한 맹세
낮달인 양 조심스럽고
버릇인 양 반복되고
밤늦은 깨인 꿈
잠 못 이룬 시름의 밤 깊다

봄이 오는 소리

삭막한 불광천변
산들바람 바람결에 봄이 오네요
개나리 노란 미소 인사하구요
벚꽃멍울 검붉게 부풀어졌네요
헤엄치는 오리 군상 한가롭구요
운동하는 발걸음 부산스럽네요

해마다 오는 봄 나그네
반갑게 맞이하고
떠나는 길 배웅도 못했는데
백로도 철새인 듯 길손과 함께하고
헤엄치는 물고기
한가한 오후

예정된 4월 2~3일 꽃 만개하면
불광천변 벚꽃길 인산인해되겠지요
주민들 나들잇길 손에 손 잡고
봄바람 바람결 나그네 길손도
머풀러 휘날리며 봄인사 하겠지요

세월의 그네 타고

석양 노을 곱다
너무나 아름답다
곧 스러지기에
애착이 간다

피는 꽃보다
지는 낙엽 고운 이유
이별 앞둔 아쉬움
아픈 하소 때문이리라

감상할 여유
다시 맞이할 날 믿지 못해
막연히 세월 그네 타고
바라보는 흐릿한 눈망울 섧다

뻐꾸기

옛날 뻐꾸기는
청아한 목소리로
뻐꾹 뻐어꾹
이 산 저 산 날며
노래했는데

도심 혼탁한 속
시간도 잊은 듯
새벽부터 뿌우꾹 뿌뿌욱 꾸욱
탁한 음성으로
여명을 개운다

뻐꾸기 울음은
짝을 부르는 소리로 알고 있는데
듣기도 거북한 통곡에 가까웁다
바람난 짝
단봇짐이라도 쌌나 보다

감사

살아오면서
전에 느끼지 못한
작은 감사
큰 감사 모여
행·불행 좌우하고
요즘은
편협한 나 자신 탓하는 듯
범사에 감사가
넘치고 흘러
강을 이룬다

행복

볼 수 있고
들을 수 있고
말할 수 있고
걸을 수 있고 가고픈 곳 가고
맛있는 것 먹을 수 있고
곁엔 친구가 있어
전에 느끼지 못한
소소한 일상이
행복이어라

색소폰

똑같은 악기이고
같은 소리임에도
연륜에 따라
무상의 변화
감흥의 마법을 지닌다

음향 찾다 보면
박자를 놓치고
평범한 하나에도
불어 넣는 혼 있어
오늘도 소리의 멋을 찾는다

끊임없이 연습
노력이 모여 빚어낸
조화의 결과
명인이 되기까지
구슬땀 보상이어라

삼복중 희소식

숨 막히는 더위
지친 몸과 마음
연이은 열대야에
시원함 갈구한다

지친 몸 추슬러 선풍기 앞에 앉아
올림픽 양궁경기 마주하며
모름지기 애국자되어
우리 선수 응원하기 바쁘다

코로나19 극성 때문
자유마저 저당 잡혀
보고픈 혈육 정다운 친구들
단절된 감옥 속에서 더위와 함께 신음한다

* 2021. 7. 25. 일본 도쿄올림픽 양궁 여자 단체전 금메달

작지만 소중한

무릎을 꿇어야
웃고 있는 보랏빛 작은 꽃을 볼 수 있습니다
자연 그대로 천진난만한 꽃
귀엽고 사랑스런 모습
가슴으로 안아봅니다

작은 세상의 경의로움
다가오는 감회에 젖어 가는 길 붙잡고
쉬어가라 칭얼대는 듯합니다
작은 요정의 구애 앞에
참 인생도 꿈을 꿉니다

잊고 산 세월의 늪
천신만고의 고달픔 속에서
영혼은 갈 곳 잃어
소중함 잃지 않으려
마음 다잡습니다

불빛 같은

손때 묻은 물건들 두고
그리운 사람 남겨둔 채
사랑마저 내려놓고
가기 싫어도 가야 하는 길
온갖 미련 거두어 강물에 흘리오

걸어온 여정 오랜 길
짧은 듯 긴 세월이기에
겹겹 싸인 슬픔의 고뇌
웃음도 원망도 그리움의 무덤 되어
꿈마저 바람에 날려보오

실력향상 연주회

매월 둘째 넷째 목요일
각자 실력 발휘하는 날이다
연습실에선 잘 되는 연주도
중앙 무대에 서면
긴장 탓인지
음 이탈 예사요 박자는 마음대로다

한 곡을 발표하기까지의 노력
상상 못할 고초의 연속이기에
존경과 흠모는 덤이다
잊지 못할 순간
알토 테너 색소폰 연주하는
회원들 마음 깊이 남아 있기를…

서해 천혜의 섬 풍도

인천 연안부두에서 소형 배로 두 시간 거리
천혜의 섬 풍도가 자리한다
배가 하루에 한 번 토·일요일엔 두 번 운항하고
복수초 노루귀 등 야생화 천국
둥굴레 두릅 등 약초는 물론
회덮밥 먹고프면
갯바위 올라 우럭 놀래미 낚아 초밥을 즐기는 곳
뒤 야산엔 흑염소 천국

인구 육십여 명이 모여 사는 아름다운 섬
각종 어류 풍부하고
해무에 싸인 가로등 한 폭 풍경화다
육지에선 코로나19 걱정이나
마스크 필요 없는 청정지역
잔잔한 파도 너울 춤추는 곳
군대 동기의 신선놀음
부럽기만 하다

한평생의 낙

인생
내일 모르기 때문에
주어진 오늘
알뜰하고 값지게
보람 느끼며 살아가기로 했다

이 나이에
색소폰을 배워서 무얼 하랴만
어디에 써먹기 위함이 아니고
주어진 시간
최선의 삶을 살기 위함이다

열심히 후회 없이
성숙한 삶 보람 속
온전한 노년을 위해
아코디언 기타 색소폰 하모니카 등
악기와 더불어 글 쓰며 보람을 찾고 싶다

철 지난 나룻배

은빛 갈대숲
일렁이는 모습 보기 좋고
산들바람에 흔들리며
스치는 소리도 정다웠다

꽃술 떨어져
앙상한 꽃대만 남아
추위 매인 북풍에 울어예는…
삭막한 풍광 구슬프다

갈대숲 한켠
허름한 나룻배
금방 내려앉을 듯 위태롭다
시절 잃은 게 어찌 너 하나뿐이랴

선돌의 넋

갈매기 구슬픈 울음
파도에 시달리면서
모두들 바람 탓으로만 돌린다
바닷가 외로이 홀로 서서
씻기고 부서져 홀로선 모습
석양 노을의 황홀경
떠난 사랑 그리는
여인의 아픔인가
한 조각 구름 흘러간 하늘 우러러
손짓하는 애끓는 마음
빗속 남모르게 눈물짓고
대금 퉁소 소리 벗하며
잠드는 넋이여!

빈자리

채워야 할 곳 주인 잃고
빈자리로 남아
고통으로 남았습니다
상상 이상의 큰 자리
그 누구의 죄도 아닌
운명이란 용어에
모두가 묻혔습니다

계절의 꽃도 향기도
스쳐 지나간 자리
공허한 가슴
외로운 집시 되어
맞이할 주인 잊은 채
낙조의 노을 바라보는
흐릿한 눈망울 서럽습니다

어느 삶

이슬처럼 사라질 운명
시곗바늘처럼 쉼 없는 나날
힘든 삶 고통 속
때론 희열도 있고
눈보라에 시달리기도 했습니다

수레의 톱니바퀴처럼
결과 모른 채 가야만 했던 나날
희미한 불빛에 묻힌
진솔한 삶의 사연
이 또한 그리움인가

마음은 이역만리 떠돌고
계절은 변함없는데
산수유 홍매화 매화꽃 소식 오고
잊었던 그리움 피어오르고
애달픈 첫사랑 그립습니다

향기는 덤이지요

까만 밤하늘에
새하얀 목련꽃이 피었습니다
별빛과 어우러져
활짝 웃습니다

꿈속에서 잉태
자연에서 살면서
때론 방황했고
깊은 정과 사랑으로 일관했습니다

싱그런 푸른 빛 드리울 때
가슴을 여는 당신
내 사랑의 이야기도
봉긋 피어납니다

시냇물

막히면 기다리고
길 따라 구비 돌고
경사대로 흐르다가
큰 강 합류하여
바다에 다다르니
기다림의 미학
가르침 크다

각종 고기 살찌우고
온갖 곡식 젖줄 되어
오곡백과 풍요롭고
어릴 적 목욕하던
추억이 잠자는 곳
아련한 옛 꿈속
시냇물 졸졸졸

이렇게 좋은 날에

특별하지 않고
평범해서 좋다

큰 변화 없이
한결같아서 좋다

애증의 소용돌이 속에서도
사랑할 수 있어서 좋다

먹고픈 음식 함께하고
그리워할 사람 있어 좋다

범사에 감사할 수 있고
걷고 움직일 수 있어 너무 좋다

가을하늘

꽃으로 피어난
흰 구름 마술
옥색 하늘 물들고
기교를 부린다

누렇게 물들인
황금 들녘
알밤 소담스럽고
코스모스 하늘거린다

푸르른 산
물속에 놀러 오고
백로 한가로운
평범한 오후

늦더위 심술 속
고달픈 밤과 낮
새날 준비하는
분주함이 숨어 있다

한가위 명절

명절이면
어릴 적 생각에 젖는다
이는 고통이다
고통은 추억이며
아련한 그리움이다

늦은 나이
외로움은 어인 일인가
살벌한 주위 때문에
옛사랑이 그립고
허전한 현실이 싫다

산들바람 시리고
들꽃이 처량하고
기쁜 소식 슬픈 사연도
남의 일 같은
노년의 시간표

5부
그리움만 쌓인다

행복

멀리서만 찾으려 했습니다
가까이 있는 걸 몰랐습니다
내 마음속에 있는 걸
마음먹기에 달렸다는 걸
그 무엇도 아니고
내 자신이었음을
미처 몰랐습니다

진솔한 마음가짐
지나친 욕심 과욕
아픈 편린 모아서
진주목걸이 만들어
예쁜 비단실 엮어
나만의 세계에
꽃피우게 하고 싶습니다

부평초

흐르는 강물
떠도는 구름처럼
뿌리 없어
한곳에 머물지 못하는가

고통으로 얼룩진
산천초목 옹이 박힌 나무처럼
고독과 아픔 속에
오늘을 사는 현대인

사위가 바뀌어
생각 수시로 변하고
철썩이는 파도처럼
거친 숨결 오락가락

* 2023년 ≪은평문학≫ 수록

방랑객

꺾인 삶
굶주림 때문에
목마름 더해가고

슬픈 사랑
멀리 보내려
도리질해보아도

가물거린 추억 속
떠날 줄 모르고
수시로 찾아든
그리움 하나

나무는 꽃을 버려야
열매를 맺고
도리를 다하지만

버릴 줄 모르는
너와 난
슬픈 꿈속 동반자

* 2023 ≪은평문학≫ 수록

하소

흐르는 歲月에
쌓이는 追憶들
사랑이 녹아 있는
멍든 가슴아
서럽도록 부르는
목메인 하소

그리움 찾아드는
자정의 고요 속에
오지 않는 옛날의
슬픈 동심들
그리워 잠 못 드는
이 밤이 섧다

후회

누더기 같은
자존심 버리려고
가끔은
노력도 해보았다
가상히도
하늘 한켠 붙든 채
허무한 안타까움인 걸 알았다

정해진 수순의 사랑도
두려워 접고
외로움 홀로 안으려는
어리석은 손
위로의 슬픈 연가 앞에
꾸물거린 육체가
게으름의 표본임을 왜 몰랐을까

그리움만 쌓인다

쌓인 세월만큼
켜켜이 쌓인 추억들
이 모두가 그리움인걸
이제야 알았습니다

팔팔한 젊었을 땐
바쁘다는 핑계로
가족 뒷바라지
평범한 한때였고

80도 중반에 접어드는 요즈음
회상하기도 어지러운
아픈 세월 잔해에
억눌린 악몽 속에 눈을 뜹니다

* 2023 ≪은평예술≫ 수록

뜨거운 그늘의 용사여

해병이 되기까지 훈련과정 졸병시절을 회고하며 적어 본다네.

정식 입대 전 가입대 1주일, 반달 콘센트에서 내무반 생활 중 식당 밥이 거칠고 낯설어 매점에서 롤빵으로 식사대용을 했다네.

선배들 왈, '이새끼들 배고파 봐야'라는 비아냥 속 어느덧 일주일이 지나고 저녁 무렵 연병장에서 피복 및 워커 신발 수령 시 에피소드가 많다네.

미군용이어서 신발이 커서 '신발이 큽니다'하니 '야, 이새끼야! 발을 키워…….'하는 호통에 서로 교환하다 보니 대충 신발의 주인이 되었다네.

미군이 입은 쫄쫄이 작업복, 카키색 하복, 그린색 정복, 광목 팬티는 커서 몸통이 들어가는 우스운 모습……. 지금 생각해도 웃음이 나네그려.

1961년 6월 5일 훈련병으로 입소하여 햇볕 쨍쨍한 연병장에서 제식교련 중 따뜻해진 물통(드럼통)과 그 옆에 소금과 키니네가 놓여 함께 목마름을 달랬고, 저녁 점호 순검 시 청소불량, 복장불량, 식기불량 등 각종 불량 호령에 쪼그려뛰기 열 번 스무 번 등 각종 기합 속에 순검이 끝나면 취침 전후 기압이 계속되고, 내가 소속된 9

중대 1소대는 2층 침대의 내무반이었고, 오래 사용하다 보니 참대 중앙이 내려앉아 용수철이 튀어나와 팀대 밑 포복의 기압 중 등을 찔려 큰 상처가 나서 의무반 신세를 지던 동료들 잊을 수 없네.

왕자식당에서 식사 중 '열중쉬어, 차렷!' 구령에 맞춰 '식사개시!'하면 '감사히 먹겠습니다'를 구령 복창 후 식사, 가끔 '열 셀 때까지 식사 완료할 것' 구령 속 '식사 끝, 행동 그만!'의 구령이 떨어진 후 씹지도 않고 국그릇 밥그릇 덮어서 먹다가 반 수저도 안 되는 밥알이 남으면 하루 종일 생각났던 일이 생각나네그려.

팬티바람에 목욕하러 가서 '5분 내 목욕 끝내라'는 호령, 비눗물도 채 씻지 못하고 '군가 시작!' '해병대가'로 시작해 목소리가 작다고 포복, 오리걸음, 원산폭격 쉴 새 없는 기압의 연속이었네.

또한 덕산 사격장 수령 속 사격 시 '감적호 실탄 날아간다, 사선 사격 개시!' 구령이 떨어지면 M-1 소총 불을 뿜고 귀청이 떨어지는 듯했지 않은가?

시궁창 속 2명이 1조가 되어 뒤돌아서서 양손을 맞잡고 한 발 한 발 벌리면, 창자가 끊어질 듯한 한강철교 기합, 'M-1 소총 칼꽂이 입에 물고 열중쉬어 자세로 기합' 등…….

참, 전투수영의 끔찍한 기압 생각나지? 모래 위에서 4시간여 수영 자세로 엎드려 받던 기합과 런닝에 작업복 하의 M-1 탄띠와 대검에 훈련화 신은 채 A, B, C 지점

깃발 돌아오면서 거친 바도에 짠 바닷물 먹던 기억들…….

8주 지나 상남훈련소의 훈련……. 특히 철조망 통과 훈련, 위에선 수냉식 카레바50의 '우두두두' 사격 속 군데군데 티엔티 폭발 장소의 구덩이엔 흙탕물이 고여 티엔티가 요란한 소리로 터지면 온통 흙탕물을 쓴 괴물이 되어 옆 사람을 알아볼 수 없었고…….

벼논 구석 물이 솟는 곳 비료 뿌린 줄 모르고 여러 사람이 수통에 넣다 보니 흙탕물, 그 물을 마시다 보니 이질에 걸려 낙오병이 많았고, 완전무장 후 창녕검문소까지 구보했던 일, 야간침투 훈련시 논둑길 가면서 여기저기서 철퍼덕철퍼덕 물에 빠지며 걸어가면서도 자던 모습들, 이젠 원산폭격을 하면서도 코를 골며 자는 짐승이 되었고…….

장애물 통과 시 높은 벽 앞에서 깡총대면 조교의 빳다 한 대면 가볍게 넘는 괴물이 됐고, 화생방 훈련 시 가스실에서 눈물 콧물 범벅되어 숨도 못 쉬고 눈도 못 뜬 장님의 고통, 상남에서의 마지막 밤 각종 화기가 불을 뿜는 가슴 벅찬 화기 쇼의 장관 이루는 광경을 지금도 잊을 수가 없다네.

힘들고 고된 3개월의 훈련이 끝난 후의 몰골은 머리는 커지고 목은 가느다랗고 눈만 반짝이는 해골 같은 모습이었지. 지금 생각해도 눈물이 나네그려.

흑백사진의 흉측한 사진을 차마 보지 못해 찢고 말았

다네.

훈련소로 와 연병장에서 작대기 하나 계급장을 달던 감회!

이젠 살았다는 안도감에서 설레었던 마음, 가수 도미 씨 외 17명이 카키복 차림으로 집단 입대하여 우리 소대 보고 침대를 비우라고 명령해, 군장 정리 후 내주었다네.

다음날 포항으로 배치 출발, 경화역에서 군악대 환송 연주의 해병가를 들으며 포항으로 출발했다네.

이제부터 졸병 생활의 시작이었네. 모두가 선배들로 둘러싸여 불침번, 식사 당번 등과 선임 수병들 내복, 양말 빨래는 물론 워커 신발도 반짝반짝 광내주고, 저녁때면 으레 동기들 집단 기압 빳다 및 원산폭격으로 이어지는 군대생활이 몸에 익어갔다네.

통신병 2533 무전병과로 통신서무를 보던 중 진해해군종합학교 6개월의 통신교육 수료 후 자대로 복귀하니 포항과 김포의 연대교대가 되어 강화 전초부대의 군생활이 시작되었다네.

그땐 강화대교가 놓이기 전이라 갑곶이 나루터엔 M-보트가 민간 버스 및 트럭을 실어 날랐고, 군 M-보트는 군대차량을 실어 날랐다네.

화점에 배치 후 다시 외포리 해상기동대에 파견되어 미군의 지원, 해군의 지원과 공터 한편에 수색중대의 텐트도 함께하는 생활이 시작되었다네.

수색중대는 1주일에 한 번 헬리콥터 이동 1박2일의 멋후렛트 훈련이 있었고, C레이션도 지급해주었다네.

가끔 DMZ 순찰, MP 화이바, 완장 착용 후 이북과의 2Km 좁은 강을 순찰했던 Z-보트의 쾌속질주의 순간, 2~3Km 넓이의 강 1/3 지점을 노란 깃발을 단 채 순찰했다네.

또 도서부대의 부식추진 시 M-보트로 수송해주는데, 해군 문관 2명이 운전을 도왔으며, 어선 출항 시엔 반드시 출항 신고를 했고, 애경사 시에도 등화관제가 필수적으로 신고했다네.

DMZ 한강엔 물 반 고기 반, 지금도 어로행위가 금지되어 고기들의 천국이기도 하네.

1963년 여름 대홍수가 나서 모래 채취 포클레인 및 채취선, 컨테이너 및 부유물이 흙탕물에 떠내려갔는데, 커다란 황소도 함께 떠내갔는데, 그 황소의 생사가 지금도 궁금하네.

의장대에 근무했던 중학교 동창 이귀모의 고된 훈련 후담, 총 한 바퀴를 돌리는데 빳다 한 대로 알면 된다고…….

지금의 후배님들 힘들다고 아우성인데, 60여 년 전 서릿발 같은 군기 속에 해병의 혼이 오늘까지 살아 용맹의 대명사로 이어온다네.

얼차려는 선배의 당연한 권리요, 내려오는 내력의 하나였네. 쪼인트, 빳다 등 아구창이 편할 날 없고 빳다는 군기의 일종이었다네.

이젠 80대 중반에 접어드니 몸도 마음도 예전 같지 않네. 하지만 정신만은 해병의 긍지를 잃지 않고 오늘을 산다네.

6부

해병 118기

- 친구 홍광표의 페이지

아내와 자녀들에게

홍 광 표

해병대 118기 동기이며 시인인 김가용 친구의 제8시집 『희망이라는 그물』 출판에 부족한 내 자신의 부끄러운 과거의 글을 싣게 되어 행여 김가용 시인께 누가 되지 않을까 하는 우려 속에 거듭 감사함을 밝힌다.

나 홍광표는 남양주에서 태어나 할머니의 사랑 속에 유년기를 보냈다.

초등학교 입학 월사금과 모든 보살핌 속에 평범한 생활을 했다.

할머니 사랑이 끔찍했던 기억, 잔칫집에 다녀오시면 으레 허리춤 깊숙이 넣어오신 떡을 꺼내어 손주 입에 넣어주시고, 가끔은 떡에 이물질이 묻었지만, 그 떡을 너무도 맛있게 먹었던 어린 날 추억이 80이 지난 지금도 잊지 못한다.

부모님의 사랑을 받지 못하고 오직 할머니의 크신 사랑 속에 지나던 중 1955년 7월 4일 교통사고로 할머니를 갑자기 저세상으로 보냈다.

내 나이 13살, 학비와 보살핌이 없기에 방황하는 생활을 살아야 했다. 내 나이 5살 때의 희미한 기억, 지금도 잊지 못한다. 술 취한 아버지가 김두한의 부하에게 발길로 채이고, 죽도록 맞은 기억을 지금도 잊을 수가 없다.

방황하던 시절 1957 - 1960년, 거물인 정치깡패 두목 임화수 씨의 밑에서 행동대원으로 주먹세계에 발을 들여놓게 됐다. 지금 생각하면 후회로 얼룩진 암흑세계의 삶이었다.

어느 날 경찰에 쫓겨 급히 뛰어든 곳이 종로5가 양복점이었고, 양복점 사장님이 깡패 생활 청산하고 양복 일을 배우라는 권유로 양복 일을 평생 직업으로 살게 되었다.

아버지의 친구 중 양복 일을 하시는 분이 있어 빠른 시일에 기술을 습득할 수 있었다. 17세 때 양복을 직접 만들어 입고 폼잽던 게 생각난다.

내 나이 83세가 된 요즘 더욱 애틋하게 그리운 할머니의 큰사랑 잊지 못해 시간만 나면 할머니 묘소에 엎드려 그리워한다.

부디 저세상에서 평안하신 삶 누리시길 못난 손주는 빈다.

다시 한번 효도 못한 불민한 손주의 용서를 빕니다. 할머니 덕분에 육촌형님들의 사랑도 많이 받았습니다.

군대 제대 후 1964년 3월 이북 평양 태생인 부인과 결혼 1남 3녀의 자식을 두었다.

부인과 자식들에 대해 더 잘해주지 못한 아쉬움 속

미안한 마음뿐이다.

여보, 부인! 건강했으면 하오. 사랑하오. 못난 남편 만나 고생 많으셨소. 부디 얼마 남지 않은 시간 건강하시구려. 저세상 갈 때 우리 두 손 꼭 잡고 함께 합시다.

그리고 아들딸들아. 못난 아빠, 용서를 구한다. 주어도 모자라는 부모 마음, 더 잘해주지 못해 미안하다.

1961년 5.16혁명이 나고 어수선한 사회, 군대나 일찍 다녀오자는 마음에 1961년 6월 5일 해병대 118기로 입대하여 군복무를 마치고 제대 후도 각종 봉사활동을 하고 군대동기 118기 모임을 62년이 지난 지금도 매월 18일에 만나 정을 나누고 있다. 건강이 나빠 먼저 간 동기도 있고, 병원 생활을 하는 동기도 있다.

군대동기와 함께 하는 행운과 행복을 누리고 싶다. 아무것도 내세울 것 없는 인생, 외롭고 고달픈 생애지만 아픈 삶 그려보는 부족한 글 부인과 자손들에게 용서를 비는 마음으로 이 글을 남긴다.

설움 속에

홍 광 표

귀가 잘 안 들리는 이유
넘쳐나는 말 중
필요한 말만 들으라는
신의 계시인가

하지만 친구 동료 간
정담 나눌 수 없고
부부간 소곤대는
사랑의 대화 할 수 없어 슬프다

오랜 세월 불편도
오매불망 간곡함도
함께 할 숙명이라면
고개 숙인 노년도 아쉬움이어라

혼자 갈 수 없는 인생길
메아리 없는 허공
어울렁더울렁 어울려
가파른 인생 고개 넘어갑시다

세월에 장사 없더라

홍 광 표

반짝이던 눈동자
번개 같은 동작
귀신 잡는 용맹
신화를 남겼던 해병

엄한 규율에 단련된
천하무적 용사도
덧없는 세월 앞에
추억 속 사라지는가

남에 뒤질세라
대장부 남아의 우상
언제나 앞장서던 남아들
하나둘 별 되어 사위어갑니다

해병 118기

홍 광 표

누구나 해병이 될 수 있다면
해병을 택하지 않았고
한 번 해병 영원한 해병이기에
자랑 속 군생활을 했다

제대 후도 해병의 일원으로
봉사대열 선두 서서
자부심 속 전우회 가입
평생 긍지 속에 살아왔다

1961년 6월 5일 선서했기에
118의 숫자 매월 18일
모임의 날로 지금도 모인다
동기모임 정다운 옛 친구들
62년이 지난 오늘까지 정 나눈다

술은 내 친구

홍 광 표

오랜 세월
버릇처럼 습관으로
즐거움에 한 잔
괴로워서 한 잔
슬픔에 한 잔
핑계 속 마시고 취해
흥얼대는 낙천가였다

삶에 찌든 젊음
으레 가는 길이라
자위해가며
부모 되고
남편 되어
지나온 세월
반주의 즐거움

평생 누리며 살았다
진정 너는 내 친구였다

작품해설

해병대 정신을 통한 공생공존의 노래

- 김 순 진(문학평론가 · 은평예총 회장)

〈작품해설〉

해병대 정신을 통한 공생공존의 노래

김 순 진(문학평론가 · 은평예총 회장)

김가용 시인께서 여덟 번째 시집을 출간하신다. 김가용 시인께서 2010년에 ≪창조문학≫으로 등단하셨는데 만 13년 만에 벌써 여덟 번째 시집을 출간하신다니, 평균 1.5년 동안 한 권씩의 시집을 출간하시는 셈이니 대단한 열정이시다. 김가용 시인은 2023년 은평문학상 수상자로 선정되었다. 이제 김가용 시인은 은평문학사에 길이 남게 되었다. 이는 김가용 시인께서 13년 동안 8권의 시집을 펴내는 열정이 뒷받침된 결과로 그가 얼마나 성실한 자세로 삶을 살아가고 계신가에 대한 중요한 단초가 된다.

김가용 시인은 종합예술인이다. 그는 시인일 뿐만 아니라 음악인이기도 하다. 그는 색소폰을 잘 불며 아코디언을 잘 켠다. 그리고 가끔씩 기타나 하모니카도 연주한다. 그래서 그가 속한 단체들은 김가용 시인의 색소폰, 아코디언, 기타, 하모니카 연주를 자주 접하게 된다. 그런 그를 마주하는 사람들은 '참 멋지게 사시는구나. 나도 저렇게 늙어가야지.'라는 부러움의 감탄사를 자신도 모르게 연발하게 된다.

김가용 시인은 해병대 출신이다. '한번 해병은 영원한 해병'이라는 말은 해병이 아니더라도 누구나 아는 명제가 되었다. 그 말은 무슨 뜻일까? 그 말이 내포하는 가장 중요한 뜻은 '불가능이란 없다.'는 뜻이다. 그 속에는 '해도 된다.', '늦지 않다.'라는 뜻이 내포되어 있다. 사람들은 자기의 실패에 대하여 이유를 단다. 도전하지 않고 이런저런 이유를 들어 포기한다. "돈이 없어서, 나이가 많아서, 처음 접하는 것이라서" 그런 말들은 김가용 시인의 사전에는 들어있지 않은 말이다. 김가용 시인은 도전한다. 그는 지금도 날마다 연습실에 나가 색소폰을 연습한다. 조금 더 완성도 높은 연주를 위해 남은 투혼을 불사른다. 그런 분이었기에 여덟 권의 시집을 내시게 되는 것이다.

삶이란 과정이지 목표가 아니다. 우리가 설악산에 가는 이유는 단풍을 즐기거나 과정을 즐기기 위함이지, 높은 곳을 정복해 성취감을 느끼기 위함만은 아니다. 일장춘몽과 같은 인생이라 하지만, 사실은 100년 동안의 길고 지루한 인생이다. 그 길고 지루한 인생을 어떻게 하면 즐겁고 행복하게 사느냐가 관건인데, 김가용 시인은 먹고사는 일과 예술을 병행하며 살아오셨다. 그것은 지금 김가용 시인이 살고 있는 노년의 삶이 윤택할 수 있는 이유가 되었다. 그가 이처럼 다양한 예술을 접하며 살아올 수 있었던 저력은 그의 정신에 있다.

그럼 이쯤에서 김가용 시인의 시 몇 수를 읽어보면서 그의 정신세계를 여행해보자.

나의 삶 나의 생각 접고
오로지 남의 눈치 살피며
타의에 의한 온갖 모든 생활에
쭈욱 길들여진 나!

유리알 사생활이 싫어
몇 번이나 튀어나오려 했지만
변화가 싫은지 용기 없음인지
제자리 눌러앉은 게으름뱅이

해방보다 적응이 먼저여서
취미에 매달리고 집착하다 보니
긴긴 하루 끝이 보이고 또다시 어둠
도돌이표 인생 끝 알 길이 없다

- 「타의에 젖은 삶」 전문

사람은 내가 아닌 타자, 즉 남의 말을 들으며 인생을 시작한다. 결국 세상살이란 잔소리를 견디는 삶이다. 세상에 태어나면 엄마의 말을 듣게 된다. "안돼!", "에비!", "아야 해!" 아기가 난간, 벼랑 등의 위험한 곳을 가게 되거나 칼, 유리 조각 등의 위험한 물건을 만지게 되면 엄마나 어른들은 아기의 안위를 위해 제어하고 경고한다. 그러다 놀이방이나 유치원에 가게 되면 "나눠 먹어야 해", "싸우면 안 돼", "사이좋게 지내야지." 같은 잔소리가 시작된다. 조금 더 커서 학교에 들어가면 잔소리의 더욱 영역은 확대된다. "공부 잘해라.", "남의 것 빼앗지 말아라."에서부터 "단추를 잠가라.", "머리를 단정하게 하라." 같은 개인의 사생활에 이르는 얼토당토않은 관섭까지 받게 된다. 점점 더 커갈수록 "살인하지 마라", "간음하지 마라.", "도둑질하지 마라." 같은 기독교의 '십계명'이나, "젊어서 배우지 않으면 늙어서 후회한다." , "봄에 밭을 갈지 않으면 가을에 후회한다", "담장을 미리 고치지 않으면 도둑 맞고 후회한다." 같은 '주자십회훈' 같이 아예 인간의 삶을 대놓고 관섭하는 계율도 등장하게 된다. 살아갈수록 잔소리는 더해진다. 결혼하여 부부생활이 거듭될수록 "남의 여자를 만나면 안 된다.", "집에 일찍 들어와야 한다.", "열심히 돈을 벌어야 한다." 같은 잔소리는 이제 몸에 배게 된다. 인생 자체게 내 뜻이 아닌 '타의에 젖은 삶'이다. 김가용 시인의 말씀처럼 "나의 삶 나의 생각 접고 / 오로지 남의 눈치 살피며 / 타의에 의한 온갖 모든 생활에 / 쭈욱 길들여진 나!"가

되는 것이다. 어려서부터 그런 잔소리 속에서 내가 주체가 아닌 엄마와 아내와 직장상사로부터의 강요된 삶을 살아오다 보면 어긋나지 않고, 올바르게 살아올 수는 있었지만, 피동적인 인간이 되어, 수동적인 인간, 즉 자유로운 영혼이 되기는 힘들다. 늘 틀에 박힌 듯 집에 들어가야 하고, 밥을 먹어야 하고, 가장으로서 해야 하는 몸가짐을 유지해야 한다. 그런데 그런 사람은 공동 사회가 요구하는 사람이지, 개인의 행복을 위한 삶은 아니다. 개인의 삶은 아무 데서나 자고, 아무것이나 먹더라도 자기가 하고 싶은 것을 하고 사는 삶을 살고 싶지만, 환경은 나를 그렇게 놔두지 않는다. 이제라도 남의 말에 귀를 기울이기보다 내 뜻대로 사는 삶을 살아야 한다. 그것이 우리가 이 땅에 온 이유다. 시인이라면 이제라도 가고 싶은 곳을 가면서 하고 싶은 것을 하는 노마드적 삶을 살아야 한다. 그렇다고 해서 가정을 버리거나 남의 것을 빼앗아도 좋다는 뜻이 아니라, 자유로운 영혼으로 살라는 말이다.

등이 휠 것 같은 삶의 무게
허덕이며 걸어온 한 많은 세월
절며 힘들게 왔던
고달픈 길 위에 비가 내린다

매캐한 모깃불 향

수시로 찾아드는 애향심
개울에 굴절되는 햇살처럼 갈 곳 잃고
고향 집 돌담 목메어 그린다

목울음 삼키고 꺼져가는 여명 속에
결코 아름답지 않은 호박꽃술
정다운 꽃 영그는 그곳 찾아
동심 깃든 돌담길 고향을 그린다

- 「그리운 돌담길」 전문

우리가 어릴 적의 시골 풍경은 돌담장이 둘러쳐진 초가집이 옹기종기 모여 사는 마을이었다. 돌담장 아래로는 과꽃, 맨드라미가 소담스레 피어있고, 가끔 돌나물이 노랗고 앙증맞은 꽃을 피우며 붓터치를 더해가는 풍경은 지금 생각해도 아련하다. 가끔 찾아오는 할미새, 박새가 돌담장 틈에 마른풀과 닭의 깃털을 물어다 둥지를 짓고, 그 속에 알을 낳아 기르던 돌담장, 그 안에는 바지랑대 걸린 빨랫줄에는 빨간 내복이며, 파란 운동회 모자, 색색의 양말들이 빨래집게에 붙들러 거꾸로 매달려 있던 담장의 풍경은 이제 더 이상 볼 수가 없어 가슴이 아리다. 울퉁불퉁한 돌담장에 두 손을 모아 머리를 대고 서서 "하나 둘 셋 넷 다섯 여섯 일곱 여덟아홉……, 아흔아홉 백"을 외우고 집안과 헛간에 숨은 친구를 찾으러 다니던 숨바꼭질, 그때 그 친구들은 모두 가슴 안에 들어와 숨고, 나는 아직 술래가 되어 그 추억을 찾으러 다닌다. 돌담장은 저절로 쌓인 담장이 아니었다. 집을 지으려고 집터를 팔 무렵에 나오는 크고 작은 돌들을 처리할 방법은 그리 쉽지 않았다. 논밭을 일구며 쏟아져 나오는 돌들을 그저 벼랑에 굴려 내버리기엔 너무도 아까웠다. 우리네 부모님들은 그런 돌을 모아 담장을 쌓았던 것이다. 제주도에 가면 집의 담장뿐만 아니라 밭둑도 돌담장으로 되어 있다. 돌, 바람, 여자가 많아서 제주도를 삼다도라 불렀는데, 그 중에서 돌이 많다는 것은 제주 사람들이 살아가는데 엄청난 시련이었을 것 같다. 그러나 사람들은 시련을 주는 대상을 삶의 지혜로 옮길 줄 안다. 대나무가 많은 동네는 대나무를 이용한 삶의 지혜가 많고, 돌이 많은 동네는 돌을 이용한 삶의 지혜를 통해 건축물과 생필품을 만들어 산다. 철원의 맷돌이나 제주의 돌하르방이 그것이다. 어릴 적 아버지는 저수지가 터져 논이 다 떠내려가고, 흙 하나 남아 있지 않은 개울을 일궈 다시 논을 만들었다. 그 논이 지금은 문전옥답이 되었다. 논을 개간하면서 나오는 그 많은 돌은 논둑을 만들고 쉼터를 만들었다. 새참을 먹기 위한 쉼터의 돌담불은 참으로 요긴하게 쓰인 돌담불이었다. 그런데 이젠 모두 반듯반듯한 콘크리트 담장이 되었고, 쇠파으프를 이용한 담장이 되었다. 이젠 그 돌담장도 돌담불도 보이지 않는다. 김가용 시인의 말씀처럼 '그리운 돌담길'이다.

155년 만의 폭우
13名 사망 7名 실종
폭우의 예보는 계속되고
전 세계적인 기후이변
홍수와 화재의 기상이변

물가 폭등 식량난
우크라이나와 소련의 전쟁
전 세계 1,490만 명의 이재민 발생
자연의 보복인 양 체념하는
현실이 두렵기만 하다

우리나라엔 태풍 힌남노
경북 포항에 인적 물적 피해 심해
국가재난지역 선포 이어지고
기상악화 지속되는 게
자업자득인 양 두렵기만 하다

– 「총체적 재난」 전문

어떤 사람들은 '인생은 거친 파도를 헤쳐 나가는 것'이라고 말한다. 어떤 사람들은 '인생은 견디는 것'이라고 한다. 나는 후자의 말을 택한다. 살아보니 인생은 거친 파도를 헤쳐 나갈 만큼의 여유가 없다. 끊임없이 밀려오는 파도를 헤쳐 나가기는커녕 밀려오는 파도에 번번이

부딪히고 깨어져 상처 나고 좌절하기 일쑤였다. 부모님이라는 울타리 밖은 호랑이와 늑대, 악어가 우글거리는 밀림이었다. 늘 나를 이용하려는 사람, 내 주머니 것을 빼앗아 가려는 사람들의 탐욕스런 눈초리로부터 경계를 게을리하지 않으면 안 되었다. 어린 나이에 엄마를 여의게 되는 슬픔, 가난 때문에 가고 싶은 고등학교를 가지 못하고 산업전선에 들어야 했던 공장살이, 공장에서 선배의 말을 잘 안 듣는다며 두들겨 패던 집합과 구타, 고등학교에 다니며 혼자 벌어 살아야 했던 자취생활, 대학에 가고 싶었지만, 좌표를 틀어 공무원으로 갈 수밖에 없었던 현실, 그리고 자의 반 타의 반으로 그만두게 된 직장, 의욕적으로 시작한 첫 사업에서의 실패……. 노점과 노동으로 이어졌던 젊은 날들……. 그렇게 끝없이 밀려오는 거친 파도를 넘어 나는 지금 잔잔한 해안에 닿았다. 인생은 그 사람이 장애를 가졌든, 성한 사람이든 그대로 내버려 두지 않는다. 가난과 질병뿐만 아니라 이성과의 이별 같은 삶과 죽음의 기로 역시 인간을 좌절시키는 이유다. 게다가 자유와 민주주의라는 이념 갈등 같은 소용돌이도 인간의 몫이며, 권력과 명예 같은 사탕발림도 사실은 인간에게 오는 가장 간사한 파도다. 게다가 김가용 시인께서 말씀하신 "폭우, 기후이변, 화재, 물가 폭등, 식량난, 전쟁, 태풍" 같은 파도들은 인간에게 주기적으로 오는 거친 파도로써, 이를 헤쳐 나가기보다 쓰나미가 날 것을 예측하고 높은 산으로 올라가거나 산불 지역에서 빨리 벗어나는 일, 코로나19 같은 세계적 전염병에서 살아남는 일, 전쟁을 배격하고 이웃이 화합하는 일 등은 우리 인간에게 주어지는 숙명이요 숙제다. 우리는 끊임없이 다가오는 거친 파도, 즉 우리를 힘들게 하는 자연 재난과 전염병, 전쟁 등에 대하여 미리 예측하고 그 지역에서 벗어나는 지혜라는 구명보트를 마련해야 한다.

성난 세월의 발톱에 할퀴어
마지막 소원인 양
뚜렷하지도 지워지지도 않는
주홍색 글씨를 쓴다
가만히 뒤돌아보니
숨 가쁘게 살아온 길
어릴 적 소꿉놀이하는 것 같다

속살 드러낸 가냘픈 소녀
매혹의 자태에 흔들렸고
잡초보다 질긴 생명력으로
여린 모습 지닌 채
시들어가는 꽃밭
무지개 닮은 너를 보며
징검다리 건너는 심정으로 살아왔다

석양 노을 감성에 젖어
사랑도 해보고

상처 안고 만용도 부려봤다
얼기설기 희망의 그물
조심스레 어루만져
평범하지도 유별나지도 않은
보통의 삶 살아온 나날

- 「희망이라는 그물」 전문

그물이란 수렵의 도구다. 물고기를 잡으려면 낚시와 통발, 그물 등 여러 가지 도구가 필요하지만, 그중에 그물이란 도구는 다량으로 잡을 수 있는 도구다. 작게는 시냇물에서 송사리를 잡을 때 쓰는 반두란 도구부터, 여럿이 잡을 수 있는 도구 깡그리, 크게는 큰 바다에서 두 배가 사이에 한 그물을 내려 끌어가며 잡는 정치망이란 그물까지 그물의 종류는 정말 많다. 참새를 잡을 때도 총과 덫, 그물 등 수많은 방법이 있다. 산탄총으로 참새를 잡으려면 귀신같이 알아차리며 도망을 다니는 참새를 따라다니며 다리품을 팔아야 한다. 덫을 놓아 참새를 잡으려면 뒤꼍에 바구니를 세워 그 안에 쌀을 놓고 참새가 오기를 몇 시간이고 기다려야 한다. 그런데 참새가 자주 출몰하는 울타리 같은 곳에 그물을 치면 참새를 따라다니거나, 숨어서 기다릴 필요 없이 일정한 시간의 경과 후 그물에 걸린 참새를 떼어내기만 하면 된다. 그렇듯 그물이란 무엇을 잡는 도구로만 생각해왔다. 그런데 김가용 시인의 「희망이라는 그물」을 읽고 나는 많은 생각에 잠겼다. 그물이 단순히 포획의 도구가 아니라 희망 도구가 될 수 있다는 사실에 전율이 인다. 사람들은 '아 다르고, 어 다르다.'는 말을 한다. 말은 어떻게 하느냐에 따라 다른 뉘앙스를 풍긴다는 뜻이다. '보따리'라는 말이 가지는 뉘앙스는 길을 떠나는 '괴나리봇짐'이 같은 방랑의 개념이나 답답한 시골살이를 벗어나 부모 몰래 서울로 도망을 가는 탈출의 개념이 강하지만, 어떤 면에서의 '보따리'라는 말에는 바위처럼 눌러앉은 토박이의 개념이나, 무엇을 꽁꽁 싸매 감추는 개념이 강하다. 이 시에서 그물은 수렵의 개념이 아니다. 꿈과 희망, 용기와 배려, 위안과 안식의 개념이다. 그물이란 도구로 서로의 어깨를 두르고 칭찬과 격려로 산다면, 그 그물로 우리는 행복과 이상이란 두 마리의 고래를 잡을 수 있다.

현재의 나
오늘이 있기까지
건강 주시어 고맙다
이 나이 늦도록
취미생활 속 좌절 않고
거친 파도 속 의연히
바위의 모습으로
살 수 있어 고맙다
아픈 삶 슬픔 잊기 위해
글을 쓰고 독서하며

색소폰 아코디언 기타 악기 벗하며
험난한 태풍에도
굳건히 나의 길 갈 수 있어
고맙고 감사하다
삶의 굴레 벗는 날까지
감사의 마음으로 살게 하소서

- 「범사 감사」 전문

범사에 감사하라. 살아오면서 정말 많이 들어온 말이다. 사람들은 흔히 이 말을 기독교에만 국한하는 말로 치부해버린다. 범사에 감사하라는 말은 비단 종교적인 말이라 할 수 없다. 이 세상은 도처에 위험 투성이다. 코로나19바이러스, 콜레라, 장티푸스 등 온갖 질병이 난무한다. 독버섯, 살모사, 복어 등 온갖 독이 난무한다. 보이스피싱, 사기꾼, 도둑 등 온갖 범죄가 난무한다. 그런데 휩쓸리지 않고 살아갈 수 있음에 감사하자. 내가 이 땅을 디디며 갈 수 있음은 땅이 적당히 단단하기 때문이다. 땅에 물기가 너무 많으면 늪이 될 것이고, 너무 건조하면 사막이 될 것이다. 바람이 적당하면 시원함을 느낄 수 있지만, 바람이 너무 강하면 태풍으로 재앙이 될 수 있다. 적당히 내리는 비는 단비가 될 수 있지만, 너무 많은 비는 홍수를 동반하여 인간에게 시련을 준다. 다행히도 이 땅 위에 생존하는 동식물의 대부분이 인간이 먹을 수 있는 식재료가 될 수 있음에 감사해야 한다.

건강한 사람은 건강한 몸으로 태어날 수 있음에 감사하고 장애를 가진 사람은 그만한 정도로 태어날 수 있음에 감사해야 한다. 개나 소로 태어나지 않음에 감사하며, 뱀이나 악어로 태어나지 않음에 감사해야 한다. 21세기를 살아갈 수 있음에 감사하며, 대한민국에 태어날 수 있어 감사해야 한다. 일용할 양식이 있음에 감사하며, 전쟁 중에 살지 않아서 감사하며, 이 나이가 되도록 살 수 있음에 감사해야 한다. 지극히 더운 지방인 적도에 태어나지 않음에 감사하며, 지극히 추운 북극지방에 태어나지 않음에 감사해야 한다. 한글을 깨우쳐 글을 읽을 수 있음에 감사하며, 말을 할 수 있음에 감사해야 한다. 다행이라는 말에 감사하자. 가족이 있음에 감사하고, 쉴 수 있음에 감사한다. 김가용 시인은 "오늘이 있기까지 / 건강 주시어 고맙다 / 이 나이 늦도록 / 취미생활 속 좌절 않고 / 거친 파도 속 의연히 / 바위의 모습으로 / 살 수 있어" 고맙다고 말한다. "글을 쓰고 독서하며 / 색소폰 아코디언 기타 악기 벗하며 / 험난한 태풍에도 / 굳건히 나의 길 갈 수 있어 / 고맙고 감사하다"는 노 시인의 지혜에서 많이 배우게 된다.

가로등 졸던 돌담길
조각달 구름에 가려
희미한 슬픈 밤
여린 버팀목처럼

비껴갈 수 없는 숙명

별빛 아련한 깊은 밤
수많은 별똥별 지던 밤
낭만 속 그 밤들이
못 견디게 그립고
몽매도 가고 싶다

훈훈한 인심
동심 어린 추억 잠든 곳
피는 꽃 지는 잎 시들고
하현달 기우는 작은 망산 위로
꿈이 저물고

출렁이는 금빛 물결에
철이섬이 잠든 밤
선정 내 고향
추억 속 고향

-「그리운 선정」 전문

김가용 시인의 고향 선정은 전라남도 고흥군 남양면 월정리에 있는 마을이다. 이 세상 사람들이 모두 고향에서 태어나 고향에서 살아갈 수는 없다. 그래서 사람들은 고향을 등지고 도회지나 자신의 특기를 살려 타지역에 가서 살게 된다. 어떤 경우에는 자신의 뜻과 다르게 고향에 가지 못하는 경우가 생기기도 하는데, 큰 댐이 만

들어진다든지 도로가 생겨 몇백 년 동안 대대로 이어져 살아오던 삶의 터전을 잃어버리기도 한다. 그리고 매우 특수한 경우이지만 동구권이나 러시아의 위성 국가들처럼 자기의 고향이 공산화되어 자유를 찾아 다른 나라에서 사는 사람들도 부지기수다. 우리나라는 6.25동란으로 인해 삼팔선이 그어지기 전 한 번 떠나온 고향을 다시는 가지 못하며, 평생토록 그리워하며 살아가는 실향민이 되기도 한다. 그런데 고향이 있는 사람도 늘 자주 고향엘 가기란 그리 쉬운 일이 아니다. 지금은 육지에서 가까운 섬들에는 다리가 놓여서 승용차로 편히 갈 수 있게 되었지만, 생업이라는 굴레에 붙잡혀 마음 놓고 가기란 그리 쉬운 일이 아니다. 그리고 릇 고향이란 나이가 들수록 그리운 법이다. 오죽하면 여우도 죽을 때면 고향을 향해 머리를 대고 눕는다고 하지 않았던가? 김가용 시인은 실향민은 아니다. 그렇지만 바닷가 마을에서 태어난 시인께서, 그것도 노구를 이끌고 자주 고향에 간다는 것은 어려운 일일 것이다. 이 시집에는 고향에 관한 시 「추억의 소야곡」, 「내 고향 선정」, 「향수」, 「그리움」, 「꽃동네 옛 고향」, 「꿈이여 다시 한번」, 「그리운 돌담길」, 「추억의 동산에」, 「그리운 선정」, 「유년의 추억」 등 10편이 실려 있다. 이는 지금 김가용 시인이 마음 상태가 얼마나 고향을 그리워하고 있는가를 여실히 말해준다.

모처럼
불광천 나들이
흐르는 물 여전하고
오리 왜가리 먹이활동 중
오리 발 시렸나
콘크리트 구조물 위에서
낮시간 즐기고 있다

검푸른 벚꽃나무 가지
아기 순 꿈틀거리고
볏짚 옷 입은 나무들
밤 사이 내린 비로 웃고 있는 듯
걷기 운동 열심인 남녀 노년
휘젓는 손 부산한데
벚나무 가지 직박구리 울음 새롭다

– 「불광천 나들이」 전문

불광천은 응암1동에서 시작돼 한강으로 흘러가는 은평구, 서대문구, 마포구 등 3개 구에 살고 있는 서울시민의 휴식 공간이자 건강을 책임지는 힐링산책 코스다. 은평구에서는 응암1, 2, 3동을 비롯하여 신사1, 2동과 증산동 주민들이 주로 산책하며 여가를 즐긴다. 불광천에는 군데군데 벤치가 놓여있고, 갖가지 헬스기구가 구비되어 있어 체력운동이 가능하다. 새벽잠이 없는 노인들이 일찍 일어나 산책할 수 있는 공간이고, 직장인들은 저녁밥을 먹고 나면 온 가족, 또는 부부, 엄마와 딸, 아버지와 딸, 아버지와 아들, 엄마와 아들, 형제, 자매, 강아지와 나, 또는 나 홀로 산책을 하며 하루의 일을 정리하고 내일을 위해 에너지를 충전할 수 있는 최고의 휴식 공간이다. 콘크리트와 아스팔트로 대표되는 서울살이에 불광천은 자연을 만날 수 있는 최고의 공간이기도 하다. 참새나 비둘기 같은 텃새뿐만 아니라, 청둥오리와 해오라기, 두루미 등 철새를 관찰할 수 있는 공간이며, 봄이면 장관을 이루는 벚꽃 터널은 명소가 된 지 오래다. 장미와 억새, 맥문동과 벌개미취 등 봄이 되면 시시때때로 바꿔 피어나는 꽃들을 즐기며 자전거 하이킹을 즐길 수 있는 공간을 은평구민들은 매우 사랑한다. 나도 요즘은 불광천과 좀 거리가 있는 곳에 살고 있어서 자주 이용하지는 못하지만, 한때 응암동에 살 때는 날마다 가족들과 산책을 하기도 했다. 응암2동과 신사동을 연결하는 아름다운 다리는 사진의 명소로 유명하며, 불광천 분수쇼 또한 여름밤의 운치를 달래준다. 시시때때로 이뤄지는 시낭송과 시화전, 책나눔, 콘서트, 등 갖가지 행사는 은평주민들의 학습의 장이 되기도 한다. 불광천은 원래 건천(乾川)으로 장마 때만 큰물이 흐르는 개천이었는데 2002년 월드컵 때 불광천을 생태하천으로 거듭나게 되었다. 2002 한일월드컵을 앞두고 서울시는 경기장 일대 불광천, 홍제천을 자연 생태하천으로 복원하기로 하였는데 이는 지금 서울의 랜드마크로 자리 잡은 청계천에서 영감을 받아 실시한 획기적인 사업이었고, 청계천에 영향을 받은 지자체들은 도봉천, 방학천, 당현천, 묵동천, 우이천, 고덕천, 성내천, 세곡천, 양재천, 여의천, 탄천, 불광천, 창릉천, 홍제천, 난지천, 도림천, 반포천, 안양천 등을 정비하여 생태하천으로 만들게 되고, 이는 주변에 살고 있는 시민들의 매우 중요한 휴식과 힐링의 공간이 되고 있는 것이다. 이런 생태하천을 이용하고 있는 주민들 중 시인들은 이를 시로 짓고, 화가들은 이를 그림으로 그리며, 음악가들은 이를 연주한다. 응암동에 살고 있는 김가용 시인이 불광천에 대한 시를 쓰는 것은 지극히 자연스러운 일이며, 당연히 지어야 할 소재로써, 지역 예술가로서의 역할을 충실히 수행하고 있는 것이다.

이상에서처럼 김가용 시인의 시 몇 수를 읽어본 결과 김가용 시인의 정신세계는 해병대 정신에서부터 비롯된다고 할 수 있다. 그는 늘 자신의 정신상태를 곧추세우는 일부터 하루를 시작하며, 하루를 반성하며 뒤돌아보는 일로 하루를 마무리한다. 김가용 시인의 시에는 시는 대략 세 가지의 특징이 나타난다. 그 첫 번째 특징은 자신에 대한 성찰이다. 수신제가(修身齊家) 후 치국평천하(治國平天下)라고 했다. 우선 나 자신을 다스려야 세상일을 할 수 있음을 그는 잘 안다. 두 번째 특징은 그이 시에 나타나는 시정신은 주변과 환경에 대한 감사다. 이 시집 속에는 고향에 대한, 부모님에 대한, 친구에 대한, 이웃에 대한 감사의 시가 무수히 등장한다. 세 번째 특징은 할 수 있다는 자신감이다. 함께 살아가고 함께 교감하는 동고동락의 해병대 정신에 기인한다. 그의 시는 인간의 우월성 강조가 아니라, 자연과 사물에 대한 공생공존의 정신이 내포되어 있는 것이다.

해병대 정신을 바탕으로 하는 김가용 시인의 시에는 패기가 있다. 부드러움 속에 강인함이 들었다. 이처럼 행동하는 모습으로 여덟 번째 시집을 출간하시는 김가용 시인께 축하의 말씀을 올린다.

김가용 제8시집

희망이라는 그물

초판발행일 2023년 10월 20일

지은이 : 김가용
발행인 : 김순진
편집장 : 전하라
디자인 : 김초롱
펴낸곳 : 도서출판 문학공원
등 록 : 2004년 3월 9일 제6-706호
주 소 : (우편번호 03382) 서울 은평구 통일로 633
녹번오피스텔 501호 스토리문학사
전 화 : 02-2234-1666
팩 스 : 02-2236-1666
홈페이지 : https://blog.naver.com/ksj5562
이메일 : 4615562@hanmail.net

※ 책값은 뒤표지에 있습니다.